ANTOLOGÍA POÉTICA

talondeaquiles.es – hola@talondeaquiles.es

Dirección literaria: Alberto Guillén Bas.

ISBN: 978-84-10403-15-4
Depósito legal: V-2357-2024
Impreso en la Unión Europea.

Antología poética

Blanca Guillén Utrilla

talón de Aquiles

Carta astral

Para empezar,
nadie nos pregunta si queremos venir.
Ni dónde queremos o no, nacer.
En qué cuerpo.
Con qué ascendente.

Si bajo el amparo religioso,
o a pelo.
Con qué carácter,
con qué carencias.

Y vive tú,
que para terminar
tampoco viene nadie a contarte,
cómo o cuándo has de irte.

A mí, ya de saque,
todo esto me parece cuanto menos
una jodienda.

El poeta.

Celebramos el centenario del nacimiento de Lorca,
como cándidos colegiales.
Yo interpreté una escena de Bernarda Alba.
Once años.
Nada entendí, por supuesto.
Tampoco nadie nunca lo explicó.
Ni los que le admiraban,
ni los que renegaban de él.
Pero en boca de todos vivía.

Crecimos con esa fascinación
que solo despierta
lo que no se llega a comprender del todo.
Sin entender,
de qué hablaba Federico cuando hablaba de la luna.

Todo al amarillo

Hubiese sido cualquier niña más de rosa,
de no ser por ella.
Otra del montón, con pompones descompasados
y falda de crepé.
Pero yo era la niña de amarillo.

Qué fácil me encuentro en las fotos ahora,
y qué difícil me resultaba entenderlo entonces.

La única vez que no pudimos elegir,
me tocó ir de verde.
Y mamá, me hizo el traje verde.
Y amarillo.

Trinidad

Me visualizo como Gibraltar.
El punto exacto de convergencia
entre el Mediterráneo y el Atlántico.
Y por encima saltando monos.

Por un lado, un mar casi siempre en calma.
De acogedoras y cristalinas aguas.
Un remanso de paz,
donde no hay cabida para la disconformidad o la queja.

Por otro lado, olas, bravura y alboroto constante.
Un torbellino incorregible,
donde nada se deja sin decir.
Un maravilloso desplante a la línea recta.

Dos corrientes opuestas me habitan,
con cariño y respeto,
pero en constante tensión.

Dos corrientes que compartían el mismo nombre y la misma nieta
Dos corrientes que me guardo aquí dentro.
Dos corrientes en mí anidan.

Y esta,
es la mejor forma de explicarme.
Como ven,
lo de los monos, es lo de menos.

Diagnóstico reservado

La niña tiene una ligera escoliosis.
Visto por el lado bueno,
fue como venir al mundo con predisposición
a soportar el peso que me caería encima.

Pero no adelanten acontecimientos,
que ni me afecta, ni me condiciona.
Jorobada, puede,
achantada, nunca.

Herencia

Crecí en la pensión Triana,
me bañaba en el Mediterráneo de Serrat,
y dormía con el negrito de Mercedes Sosa,

Señores,
yo no perreo.

Concesiones

Mi padre tiene la socarrona capacidad
de disfrutar por igual del buen vino,
como del melocotón con el que lo mancilla.

Y por eso,
es la única persona a la que le consiento
que me hable de vino.

Porque a mi padre, sí.
A mi padre, todo.
A mi padre, siempre.

Joaquín

Quería un pollito.
No por capricho, sino por misericordia.
Pasamos por una tienda de animales
y los vi,
unos encima de otros,
como un remolino amarillo infinito.

Pensé que los de abajo morirían aplastados
y se me encogió el corazón.
Mi primer recuerdo sobre el absoluto desconsuelo,
es una masa caótica de plumas, picos y patas.

Quiero un pollito de los de abajo,
de los que no pueden respirar.

Y llegó él, grande y acogedor como una casa.
Con mis padres en contra
y la sonrisa pícara,
de importarle un pito.

Rescató a un pollo del tedio
y a mí de la pena.

Tenía el nombre más bonito del mundo.

Piedad

Reproduzco de memoria
y sin esfuerzo,
el eco de su risa escandalosa.

Atrapaba la luz como los girasoles
y descosía pronósticos con manos de amor.

Construyó nidos aquí y allá
en los que tuvimos refugio
todos los que la quisimos.
Fuimos una gran patulea.

Se fue un septiembre,
dejándonos sordos y huérfanos,
y nos liberó de lo que consideraba
la carga de un lugar en el que llorarle.

Siempre será mi luz.
Y ahora también,
la de los girasoles.

Sospechosos habituales

Los domingos en casa,
papá pasó de despertarnos con Radio3
a hacerlo con la aspiradora.

Me consta,
que no es un hecho aislado
entre los progenitores de su quinta.

Estoy convencida de que es una venganza,
lo que no me queda claro aún,
es contra quién.

Player 1

Crecer con un hermano mayor
te proporciona
inmunidad diplomática en el recreo,
y un modesto segundo puesto en la consola.

También ofrece
una seguridad irrefutable,
de la que solo se toma conciencia con el tiempo,
muy lejos ya del patio.
Y ciertas lecciones de vida impagables,
como que hay batallas a las que una debe enfrentarse sola.

El mío me enseñó a plantar cara,
cómo y dónde golpear.
Cuándo correr.
Para que pudiera seguir viviendo así,
sin miedo.
Tal y como está el mundo,
no creo que exista mejor regalo.

Costumbrismo

Mis padres olvidaron
apuntarme a catequesis.
Hice la comunión un año más tarde.
Nadie sospechó nada.

Fui incapaz de aprenderme el credo,
hice *playback* durante la misa.
Nadie sospechó nada.

Me apunté a los grupos de confirmación
y no me confirmé nunca.
Nadie sospechó nada.

No me gusta criticar
pero tanta laxitud es cuanto menos,
sospechosa.

Aforismo genético

Mamá dice,
que es mejor que aquí
no diga palabrotas.
Ni hable de política,
ni de la iglesia.

Me pide que no me meta en jardines,
y a mí se me pone cuerpo de podadora.

Porque cómo no voy
a meterme, mamá.
Si soy feminista,
de izquierdas,
y tu hija.

Guillén Guillén

Despedimos a mi abuela en el campo,
junto a sus recuerdos y sus coplillas.

De camino tuvimos un accidente con el coche,
parte de la familia se perdió,
y mi primo acabó con un pie en el río.
Era pleno diciembre.

Nos reímos mucho y lloramos un poco.
Volvimos a casa cargados de las aceitunas
que tanto le gustaban.

Creo que lo hicimos bien.

Defínase en dos palabras

Una inquebrantable tocapelotas optimista,
que jamás admitirá en voz alta
el número exacto de síncopes existenciales
acontecidos hasta la fecha.

Que considera la mala follá
como un don de la tierra,
con el que ha sido bendecida.

Y que lo celebra absolutamente todo,
como acto de rebeldía autócrata
ante el inevitable y trágico fin.

Alguien que intenta, en la medida de lo posible,
hacer las cosas a su amor.
Que no es más
que un eufemismo superlativo
de ingobernabilidad absolutista.

Lo inmutable

Llegabas a casa,
cargando aquella mochila enorme.
Llena de materiales que dejaron de seducirte
tras su rutinario uso.

Con algún que otro raspón en las rodillas,
y un par de anécdotas divertidas.
En mi caso,
con algún cerito extra por mal comportamiento.

Pidiendo al universo,
o a Dios por aquel entonces,
que hubiese macarrones para comer.
Siempre he tenido gustos sencillos
y deseos razonablemente moderados.

¿Recuerdas esa sensación,
de sentarte a comer,
con el corazón y el estómago
anhelantes de boloñesa
y que te plantasen delante
un potaje de garbanzos?

Esa indescriptible sensación,
la sigo teniendo ahora,
solo que con personas.

Amén

Crecí con el firme convencimiento,
de que en una de esas mías,
un Dios colérico y omnipresente,
bajaría de los cielos para castigarme
por mis pecados.

Cuida el largo de la falda,
el de tus pensamientos y sobre todo,
el de tu conducta.
Porque él, todo lo ve,
todo lo escucha
y a todos nos juzga.
Nos decían.

Qué bien orquestada la estafa.
Tanto miedo y tanta amenaza,
para que no fuésemos
quienes somos hoy.

No se me ocurre mejor venganza.

Distancia

Dejo un poco de mí contigo
en cada adiós.
Temo desaparecer algún día.

Suertuda

Una señora me paró por la calle.
Niña, llévame a mi casa.

Me quedaba de niña
lo mismo que a ella de vergüenza.

Mientras la acompañaba a casa
me contó que fue esquiadora profesional,
que nunca se casó,
y que se hacía la ropa a medida.

Fuimos amigas desde mi casa a la suya.

La felicidad

Pasábamos incontables noches de julio
sentadas en los muretes de la Alhambra.
Arreglando el mundo y cortando trajes.
Cenando bocadillos del Aliatar.
Con los miradores en frente,
llenos de gente que miraba, sin vernos.

Nos quedábamos hasta que no quedaba nadie.
Cuando la rasca nos empujaba hasta Gomérez,
y nos dejábamos caer acompañadas del agua
hacia la pegajosa realidad asfáltica.

Volvíamos a casa riendo,
con la sensación de tener,
claro que sí, toda la suerte del mundo.

Fe

He visto a una señora mayor
con andador en una plaza de Granada.

Perseguía a las palomas
mientras se reía.

Inversiones

Hace mucho tiempo que deshice las paces con Dios.
Con la iglesia.

Y ahora que estoy en tierra de nadie,
he diversificado la fe
en depósitos de mayor rentabilidad.

También he dado alas a la blasfemia,
lo que me genera una falsa sensación de equilibrio
bastante placentera.

Y aunque intento, no obstante,
ser buena gente
porque así me lo enseñaron mis padres,
me permito ciertas licencias.
Pillerías que disfruto.

Lo justo para no ponérselo fácil
a quien le toque decidir
a qué sección mandarme.

Sentencias

Cuando el sol aún alumbra,
pero no calienta.
La deliciosa claridad tras los párpados.
Esos minutos donde el tiempo se para.
Donde todo queda suspendido en el aire.

El mar se oscurece despacio,
muriendo iridiscente,
y el sol se lleva consigo todo.

Ese espacio mágico, lleno de paz,
que colma de seguridad los vacíos.
Ese olor.
La inmensidad.

Hasta que los escuchas acercarse,
ladinos y molestos.
Es su naturaleza, no puedes culparles.
Te quedas ahí, agazapada en la esperanza
pidiendo que no te toque
aun sabiendo que tienes todas las papeletas de la rifa.
Intentando alargar lo que ya se ha perdido irremediablemente.

Así como los mosquitos,
la vida.

Autodiagnóstico

Si mañana muero en terribles circunstancias
el telediario no anunciaría la muerte de una joven.

Y sin embargo,
cuando dicen señora, por la calle,
no me doy por aludida.
Ni de cerca.
Ni un ápice.
Nada.

Me temo que esto,
no pinta que cambie con el tiempo.

Hacerse mayor

Las de toda la vida,
de barra de chapa.
Con Cadena Dial de fondo
y su trillada selección musical
campamento de vergonzoso confort.

Con las mesas cascadas
y servilleteros con soporte para palillos.
Los viejetes de siempre,
con sus bromas privadas.

Sin artificios, ni *selfies*, ni pavadas.
Periódicos pululando
y el zumo a precio razonable.

Mimetizarse hasta que
las conversaciones, las tazas y las tragaperras
se hacen murmullo.
Sacar un libro de papel papel
y sentirse un poco en casa.

La mochila

De jovenzuela no se es consciente
del sangrado emocional
que se vierte en cada batalla.
Sospecho que por eso las luchamos,
por pura inconsciencia.
O por idealismo cojonero.

De las consecuencias sin embargo,
bien que nos damos cuenta, después.
Retornan, cuando más en paz con la vida estamos,
para recordarnos lo estúpidas que fuimos.

A estas alturas,
cuando la broma empieza a empinarse,
poquitas medallas meritorias compensan su peso.

Expectativas

8:30 de la mañana.
Línea 1 de metro.
Madrid.

Estoy leyendo absorta.
De vez en cuando levanto la vista del libro para comprobar
si debo o no seguir sentada.

Busco entre los zapatos
alguna pista,
y localizo unos que etiqueto rápidamente
como zapatos de viejo.

Busco los surcos de la cara del dueño,
y no hay ni una sola arruga.
En su lugar, Airpods
y un tupé con marcada ideología política.
Camisa clara,
pantalón *beige* bien planchado.

Y no sé por qué,
me da pena.

En todos los futuros

Nos independizamos al fin, del pavo.
Buscamos nuestro sitio, una y otra vez,
maleta y miedo en mano.
Valientes.

No perdimos ni el corazón en desamores
ni la cabeza por el camino.
Nos sacudimos y continuamos,
maleta y miedo en mano.
Fuertes.

También nos equivocamos mucho
no nos pongamos tan estupendas,
pero nos respaldamos siempre.
Nos sobrepusimos a lo imposible,
maleta y miedo en mano.
Cómplices.

En todos nuestros hogares
siempre, habrá una habitación para la otra.

De lo cotidiano

Guardas una chaqueta
en tu mochila
para cuando olvido
lo friolera que soy.

Eliges con cuidado
con qué película dejarme dormir,
y sumas libros, estudiados con primor
a mi pila de libros por leer.

Me secas el pelo
haciendo de la normalidad,
ternura.

Debe ser algo muy parecido a esto
de lo que hablan los poetas.

La ciudad

Las pinturas negras de Goya
y las librerías de viejo.
Las librerías, en general.

Bares de siempre,
la mayoría aún nuevos para mí.
Caminos que empiezan a ser amables.

Metros que engullen y escupen gente,
como una coreografía lunática
de Baz Luhrmann.

Gente mayor que anda sorprendentemente rápido,
y tés impronunciables a cinco euros,
que no siempre valen lo que cuestan.

Sardinas para desayunar en el rastro,
y redadas en Lavapiés
los miércoles por la tarde.

Es una ciudad generosa y bonita esta,
en la que no conviene dejarte la mochila abierta.
Espabila Totó,
esto no es Kansas.

Twins

Me he cruzado en el metro
con una monja que rezaba el rosario.
Se aferraba a él como si le fuese la vida en ello.

Tenía la misma cara
que se le queda a una pija
a la que pillan *infraganti*
robando una crema en El Corte Inglés.

Hoy no

El día que te dejas el paraguas y cae la mundial,
es el mismo en el que pierdes los cascos.
Y quien tiene que utilizarlos, no lo hace
porque considera que el resto del mundo
ansía escuchar su conversación.
O el vídeo que toque.
O Spotify. Con anuncios.
Y te chocas un par de veces
con los del antes de entrar dejen salir,
que por supuesto, no.

Y la cerradura otra vez rota.
Y sin paraguas.
Y no queda leche,
Y bajo a por leche.
Me cago en la leche.
Y venga bombas,
y venga muertos.
Y Palestina.
Y Ucrania.
Y nosotros, que tela.
Y me digo convencidísima,
que nos merecemos la extinción.
Llamo a mis padres,
a mi hermano.
Mando un par de mensajes.
Y escucho a Concostrina,
mientras me tomo un Cola Cao.
Con galletas.

Vuelves a casa.
Me abrazas fuerte,
te olisqueo.
Me das un beso en la cocorota.

Y me digo, bueno sí,
pero hoy no.

Hacer las paces

Nunca he tenido sentido de la orientación.
Ni del ridículo.
No creo que tengan relación, pero es un hecho.
Muchas de las cosas que nos convergen no tienen relación.
Pero nos hacen ser quienes somos.

Me pierdo con frecuencia.
Ahí afuera y aquí dentro.
A veces llego tarde.
Y otras incluso, profetizo futuros imposibles.

Y sin embargo,
siempre hay lapsos perfectos
donde sentirse a salvo.
Acaso de la vida,
acaso de una misma.

Incoherencia recurrente

Cuando estoy frente al mar
siempre me pregunto,
en qué momento
Madrid.

Giros de guion

Desde que la vida le robó a mano armada,
baja al infierno de cuando en cuando.
Me aterra pensar que alguna vez,
no quiera volver.

Los que no le conocen,
dirán que es el tiempo,
la propia inercia de la existencia,
o el amor,
lo que ha devuelto a sus preciosos ojos,
de nuevo la esperanza.

Pero no,
son sus santos cojones,
los que le traen de vuelta siempre.

Por qué no

Querría ser como Lucía Berlín
y hacer alquimia de las desgracias
convirtiéndolas en interesantes y divertidas historias.
Pero por desgracia,
no soy tan desgraciada.

Pero ay, cómo querría
escribir como Lucía Berlín.
Morirme de muy vieja (no como ella)
y que alguien por sorpresa
encontrase mis escritos y los publicase.

Reencarnarme dentro de cien años
y encontrar esos libros
sin saber que yo misma los escribí
y pensar *ay,*
querría ser yo, como esta mujer.

Y volver así, de bonita casualidad
a los lugares y las personas
que me hicieron ser quien soy.

Casa

Vivíamos a novecientos kilómetros,
la primera vez que me dijiste
ven anda, ven aquí, ven.

Me hice de tu pecho cueva,
como el animalito que dices que soy,
y ya, no quiero otros inviernos.

Será hogar
si estás tú.

Respuestas universales a preguntas estúpidas

Imagino que nos pasa a muchas.
Nos abandonamos al karma
y le pedimos fuerte al universo,
que las cosas salgan bien
cuando no queda más racionalidad
o acción posible por nuestra parte.

Tres coches rojos,
dos calvos con gafas de sol,
un perro en un taxi,
yo qué sé.
Cada una busca sus señales.

Y cuando estas no llegan,
con todo el peso de la frustración cósmica,
exigimos una resolución benévola
con el pleno convencimiento de merecerlo,
por alguna bondad acometida en 2018,
por ejemplo.

Tiene que ser así,
porque me lo he ganado, sentenciamos.
A lo que el universo, irónico, suele responder
con el acertado presente de unas gomillas,
a juego con la nariz de payasa
que nosotras mismas nos hemos puesto.

Juegos de azar

Encima de la mesa, pizza y margaritas.
Reímos y nos quejamos sobre todas las cosas.
Sobre el trabajo,
los compañeros,
las expectativas.

Llevé mi analógica
para conservar el regalo
de vernos de nuevo,
en un par de imágenes.

Tras la cristalera pasó,
sosteniéndose entre muletas,
un hombre sin suerte.
Sin trabajo.
Sin compañeros.
Sin expectativas.

Se llevó con él
toda posibilidad
de recordar bonito aquella noche.

Me dejó a cambio
el regusto amargo que se siente
al ganar un premio
haciendo trampa.

Territorios conquistados

La barbilla te guarda un lunar,
que a veces se esconde tras la barba.
Cuando levanto la cabeza
para que me beses,
lo veo.

Quizá
nadie te haya dicho antes,
que tienes ese bonito lunar
bajo la barbilla.

Y decidido,
que como quien lo encuentra, se lo queda,
ese secreto que se te esconde tras la barba,
me pertenece.

Reencarnaciones

Le ha dado a la gente, oiga,
por colgarme sus peros
sin orden ni concierto.

Pero tú, mejor haz.
Pero tú, mejor ponte.
Pero tú, mejor sé.

No me considero una persona
de profundas creencias místicas
salvo cuando me conviene,
que entonces creo en lo que toque.

Pero estoy empezando a creer
en la seria posibilidad de que en otra vida mía,
fui yo un manzano.

Refugios

Comparto con dos rubias
y no es un chiste,
todo lo que se puede compartir.
Las quiero
todo lo que me abarca el amor,
y las admiro
como admira una a las mujeres
que hacen historia.

Son *bypass,*
junta directiva
y sala de celebraciones.
Patria y bandera.
Lugar al que siempre quiero volver.

Es curioso,
que siendo el castellano tan rico
no atesore la definición justa,
de mi extraordinaria fortuna.

Sus incongruencias, gracias

Ni me fío de aquellos que son incoherentes hasta las trancas
ni de aquellos que no presentan ningún tipo de contradicción en su haber.
Dicho así, pareciese que no he dicho nada.

Pero créanme, he dicho mucho.

Domingos

Despertar sin despertador.
En mi caso, normalmente, de hambre.
Te muerdo la espalda si estás de espaldas
y si es tu cara lo que me ofreces,
son tu nariz y tus orejas
mis primeras víctimas.

¿Ya tiene hambre el bichito?
preguntas sin llegar a despertar.
Y me envuelves en un abrazo
que me acalla un par de horas más.

Y se silencian el hambre y los miedos.
Los remordimientos y los pesares.
Los deberes pendientes.
Las voces.
El dolor.

Y es entre tus brazos que encuentro,
lo que imagino encontrarán
los fieles en la misa de doce.

No se me ocurre templo más sagrado,
que el que construimos,
cada domingo
bajo las sábanas.

Cruces

Una chica lloraba en el metro.
Le he dado un pañuelo
y le he sonreído.

Me ha dado las gracias
y ha seguido llorando.

No ha cambiado significativamente
el curso de nuestra historia.
Y aun así, siento que ha sido
toda una suerte habernos cruzado hoy.

La sacerdotisa

Me equivoco bastante.
Con esto nunca.

Veo los ojos
como pantallas reflectoras
de lo que nos vive dentro.

Quizá tenga un don,
como mi bisabuelo Miguel.
Él curaba a la gente con las manos.

Yo, sin tocarlos, puedo decir
si necesitan medicación.

Fantasía erótica

Una antorcha,
la completa absolución penal
y la lista de pederastas religiosos.

Revancha

Quise también escribir
sobre viejos amores.
Cerrar el círculo de forma
retorcidamente satisfactoria.
Y que mis desquites,
en forma de poema
me permitieran sufragar
los gastos del psicólogo.

No sé si me han salido mal las cuentas
o muy bien la terapia.

Últimas voluntades

Desde que leí la evolución de Calpurnia Tate,
plantear la vida como lo hace el método científico
me parece de lo más acertado.

Mi hipótesis más longeva hasta la fecha es
que soy inmortal,
puesto que no me he muerto nunca, todavía.

Pero si dicha hipótesis, por lo que fuese,
dejase de ser válida y me muero,
he aquí mis últimas voluntades:

que me quemen.
Nada de dejar una lápida a la que sacar lustre.

Que me quemen.
Y justo antes de meterme en el horno,
que alguien grite:

¡BRUJA!

Índice